Collection de M. D. de B.

Dessins, Pastels

Gouaches

Tableaux du XVIIIe siècle

Exposition publique

Le Lundi 9 Février 1891, de 1 h. 1/2 à 5 h. 1/2

COMMISSAIRE-PRISEUR	EXPERT
Me Maurice **DELESTRE**	M. B. **LASQUIN**
Rue Drouot, 27	Rue Laffitte, 12

PARIS — 1891

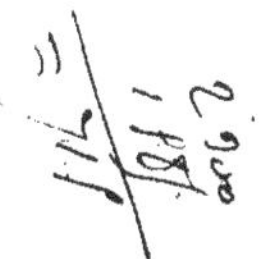

IMPRIMERIE MAULDE et RENOU

A. MAULDE & Cie

IMPRIMEURS DE LA COMPAGNIE DES COMMISSAIRES-PRISEURS

Rue de Rivoli. 144. — Paris

Collection de M. D. de B.

Dessins et Pastels

Gouaches

Tableaux, Gravures

IMPRIMERIE A. MAULDE ET Cie

144, RUE DE RIVOLI. — PARIS

CATALOGUE

DE

DESSINS ET PASTELS

GOUACHES

De l'École française du XVIIIe siècle

TABLEAUX ANCIENS

GRAVURES

COMPOSANT LA

Collection de M. D. de B.

ET DONT LA VENTE AURA LIEU

HOTEL DROUOT — SALLE N° 4

Le Mardi 10 Février 1891

A DEUX HEURES

....

Par le Ministère de **Me M. DELESTRE**, Commissaire-Priseur
Rue Drouot, 27

Assisté de **M. B. LASQUIN,** Expert
Rue Laffitte, 12

CHEZ LESQUELS ON TROUVE LE PRÉSENT CATALOGUE

....

EXPOSITION PUBLIQUE

Le Lundi 9 Février 1891, de 1 heure 1/2 à 5 heures 1/2

———

PARIS — 1891

CONDITIONS DE LA VENTE

La vente sera faite au comptant.

Les Acquéreurs paieront, en sus des adjudications, CINQ POUR CENT applicables aux frais de la vente.

A. MAULDE et Cie, imprimeurs de la Compagnie des Commissaires-Priseurs,
rue de Rivoli, 144.   400—12129

Désignation

DESSINS ET PASTELS
GOUACHES

—

BALLUE (Signé)

1 — Paysage avec rivière.

Fixé de forme rectangulaire dans un cadre en bois
sculpté.

BEUCHOT (Signé)

2 — Amour et Perroquet voltigeant au-dessus
d'un nuage.

Gouache très fine de ton et d'exécution.

DE BOISSIEU

3 — Trois Dessins en feuilles : Types de Paysans.

DE BOISSIEU

4 — Trois Dessins en feuilles, au crayon et lavis : Portraits d'Artistes peintres du xviie siècle.

DE BOISSIEU

5 — Trois Dessins en feuilles : Portraits de Femmes et d'un Vieillard.

BOSIO

6 — Le Salon de danse.

> Deux couples de Danseurs et Danseuses s'efforcent de faire des grâces au milieu d'une assemblée élégante, dans un salon dont le fond est tendu d'une draperie.
>
> Scène très humouristique.
>
> Dessin à la plume et à l'encre de Chine.

BOUCHARDON

7 — L'Écu de France.

Deux Génies ailés, assis sur des nuages, soutiennent l'écusson fleurdelisé surmonté d'une couronne.

Important et très beau dessin à la sanguine.

BOUCHER

8 — Les Lavandières.

Deux jeunes Villageoises rincent du linge dans un lavoir pendant qu'un jeune homme, accompagné d'un petit garçon en apporte une hottée; au fond un autre Villageois étend des draps sur une corde.

Joli dessin à la sépia.

BOUCHER

9 — La Lessive.

Deux jeunes Femmes entourées de cinq Bambins et d'un Chien sont occupées à leur lessive, près de la porte d'une maison.

Charmante composition à la sépia. Pendant du précédent.

BOUCHER

10 — Amour voltigeant.

Dessin au crayon rouge rehaussé de blanc.

Bordure ancienne en bois sculpté.

CHARDIN

11 — Portrait de jeune Dame.

> Assise sur une chaise le bras gauche accoudé, elle est vêtue d'un large peignoir et regarde de face.

> Dessin aux crayons noir et blanc. Provenant de la Collection J. Gigoux.

DE LA FOSSE

12 — L'Opéra et la Tragédie.

La Comédie et le Pastoral.

> Deux jolis motifs allégoriques composés de trophées d'attributs.

> Plume et encre de Chine.

FRAGONARD (H.)

13 — La Terrasse du Jardin des Tuileries.

> Grande sépia animée de figures.

FRAGONARD (A.)

14 — Le Bain.

> Une jeune Femme nue est assise sur une gerbe au milieu d'une rivière et retient de la main gauche une écharpe que le vent fait voltiger au-dessus de sa tête.

> Dessin aux deux crayons et à l'estompe.

GENILLON (1772)

15 — Vue d'un Château avec parc au bord
d'une rivière.

> Au premier plan un attelage de quatre chevaux
> remorque un chaland.
>
> Plume et aquarelle.

GÉRICAULT (Signé)

16 — Cheval harnaché.

> Dessin au crayon.

GÉRICAULT (Signé)

17 — Jeune Paysanne.

> Dessin au crayon.

GILLOT

18 — Décoration d'un dessus de Clavecin.

> Des singes musiciens et danseurs se jouent dans
> des ornements rocailles enguirlandés de fleurs.
>
> Plume et aquarelle avec rehauts de dorure.

GIRODET

19 — Portrait de Femme.

> Dessin au crayon et à l'estompe rehaussé de couleur.

HUET (J.-B.)

20 — Brebis couchée.

> Plume et sépia.
> Signé et daté an XII.

HUET

21 — Études de Lion.

> Deux dessins aquarellés sur papier bleuté.

HUET (1773. Signé)

22 — Chien en arrêt.

> Dessins aux crayons noir et blanc.

HUET (1792. Signé)

23 — Un Veau.

> Sépia.

HUYSUM (D'après Van)

24 — Bouquets de Fleurs.

> Deux gouaches se faisant pendants.

LATOUR (Quentin de)

25 — Portrait de M. de Saint-Florentin.

> En buste, le visage de face avec chevelure poudrée,
> vêtu d'un habit gris à brandebourgs d'or, son
> tricorne passé sous le bras gauche.
>
> Pastel.

LECLERC (Sébastien)

26 — Trois Dessins très fins de forme ronde, à
la plume et à l'encre de Chine :

1" La réception de Louis XIV à l'Hôtel
de Ville.

2" Le Repas donné au Roi par la Ville.

3" La Sortie du Roi.

LEDOUX (Mlle)

27 — Tête de jeune Garçon.

> Sanguine.

LEFORT (D'après Mme VIGÉE-LEBRUN)

28 — Portrait de Paisiello assis devant un clavecin dans l'attitude de l'inspiration.

Dessin.

LEMERCIER (CH.)

29 — Vue intérieure de la Chapelle du Château de Versailles.

Dessin au lavis, à l'aquarelle et gouaché, d'une précision extrême. Signé.

LENOTRE

30 — Vase sur un piédestal orné de guirlandes de fleurs.

Gouache dans un cadre en bois sculpté.

MALLET

31 — Frère Luce, sujet tiré des *Contes de La Fontaine*.

Une jeune et timide Villageoise est présentée par une Commère au bon Capucin qui, agenouillé, paraît l'exhorter.

A gauche, sur un banc, un pot, une jatte et des oignons.

Jolie gouache.

Collection du Baron de BEURNOUVILLE.

MALLET

32 — La Vertu en danger.

Une jeune Modiste écoute, résignée, la déclaration d'un jeune galant qui la caresse tendrement.

La scène se passe dans une chambre à coucher, au fond de laquelle se voit une statuette de Cupidon sur un chiffonnier d'acajou.

Charmante gouache provenant de la collection du Baron de BEURNONVILLE.

MALLET

33 — Avant le Départ pour la Promenade.

Une jeune Femme, vue de dos, ajuste une rose à son corsage, devant une glace, pendant qu'un galant lui serre la taille; près d'eux, une autre jeune Femme assise, le visage souriant, présente un Chien dressé.

Gouache dans un cadre ancien en bois sculpté.

MALLET

34 — La Sortie du Bain.

Petite gouache.

MEULEN (Van der)

35 — Deux Cavaliers.

Important dessin à la pierre noire.

MINIATURE

36 — Portrait de Louis XVI.

En buste, la tête découverte tournée vers la gauche, costume à brandebourgs, revêtu de différents ordres.

Forme ovale.

MONGIN (Signé et daté 1792)

37 — Vue du Parc Monceau.

A droite, près d'un bouquet de grands arbres, une fontaine monumentale avec grande vasque ornée de deux cariatides; plus loin, une balustrade, un temple circulaire à colonnes et un obélisque dans les arbres, au delà d'une pièce d'eau.

Un Artiste, accompagné de deux Dames, dessine au premier plan; plus loin, un couple de Promeneurs.

Très importante gouache d'un vigoureux coloris.

MONGIN (1795. Signé)

38 — Vue du Parc Monceau?

A droite, au bas d'une grande terrasse, des Promeneurs sont près d'une pièce d'eau alimentée par une fontaine surmontée d'une statue; plus loin, à gauche, une colonnade; au milieu, un escalier partant de la pièce d'eau aboutit à une allée qui se perd dans les grands arbres du fond.

Importante gouache.

MONGIN (1795. Signé)

39 — Vue du Parc Monceau ?

A gauche, une terrasse à laquelle on accède par un escalier, près d'une statue sur un piédestal ; à droite, au delà d'une balustrade, une vasque avec grand jet d'eau au milieu des arbres.

Diverses figures de Promeneurs animent cette jolie composition.

Importante gouache.

NATTIER

40 — Portrait de Mme Lescour.

Représentée assise, vue à mi-corps, vêtue d'un peignoir blanc laissant la poitrine découverte, elle tient une houlette de la main droite et regarde de face.

Le charme et la séduction de ce beau pastel nous ont fait conserver l'attribution du vendeur, bien que nous ne reconnaissions pas entièrement l'exécution du maître.

Magnifique cadre Louis XV en bois sculpté et doré.

NICOLLE

41 — Les Thermes de Caracalla.

42 — Ruines romaines.

Deux aquarelles très soignées, animées de figures et signées.

NORBLIN

43 — La Lanterne magique.

Au milieu d'un marché ambulant établi sur un quai de la Seine, un charlatan attire la foule des promeneurs autour de son étalage.

Aquarelle gouachée.

PERNET

44 — Palais en ruines avec fontaines.

Dessin à la plume et à l'aquarelle de forme ovale, dans un cadre en bois sculpté.

PRUD'HON (Signé)

45 — Le Poète et la Nymphe.

Charmant petit dessin au crayon rehaussé de blanc sur papier bleuté.

Collection du Baron de Beurnouville.

PUJOS

46 — Portrait de d'Alembert.

Dessin en médaillon à la mine de plomb.

RAVAULT

47 — Serment du Roi.

Charles X en présence de la Religion et de ses illustres ancêtres qu'il aperçoit dans les régions célestes, promet de maintenir les lois et de gouverner pour la gloire et le bonheur de la France.

Important dessin rehaussé de blanc.

RIGAUD

48 — Portrait de Regnard.

En buste tourné vers la droite, revêtu d'un manteau bleu.

Petite peinture à l'huile de forme ovale.

ROSALBA (?)

49 — Portrait de jeune Fille.

En buste, la tête de trois quarts à gauche avec chevelure blonde relevée, corsage bleu et ruban autour du cou; elle caresse un petit chat de la main droite.

Charmant pastel dans une bordure Louis XV en chêne sculpté.

SALAMBIER

50 — Frise : Un vase au centre accosté de deux
Cariatides ailées se terminant en rin-
ceaux dans lesquels se jouent des
Amours.

Plume et lavis.

SCHENAU

51 — La Marchande de pommes.

Sujet de cinq figures.

Dessin à la plume et à la sépia.

SILVESTRE (Israel)

52 — Vue de Paris prise en aval du Pont-
Neuf.

Plume et lavis d'encre de Chine.

SWEBACK

53 — Vue de la Fête et du Banquet militaire
qui eurent lieu le 3 mai 1821, à
Rennes, sur le Champs de Mars, à
l'occasion du Baptême de S. A. R.
Monseigneur le duc de Bordeaux.

Aquarelle comprenant une multitude de figures.

TARAVAL

54 — Femme nue vue de dos, tenant une guir-
lande.

Dessin aux crayons rouge et noir teinté de lavis.

TRINQUESSE

55 — Jeune Femme assise.

Dessin au crayon.

VALLAYER-COSTER (Mme)

56 — Portraits de Louis XVI et de Marie-
Antoinette.

Représentés dans deux médaillons en marbre
sculpté apposés contre une pyramide enguirlandée
de roses et contre laquelle sont posés le Manteau
royal et l'Écusson royal.
Aquarelle.

VERNET (D'après CARLE)

57 — Cheval effrayé par l'orage.

Dessin estompé.

VESTIER

58 — Portraits de M. Amour, célèbre serrurier de Nancy, et de sa femme.

Tous deux sont représentés assis près d'une table où sont posés un dessin de ferronnerie, un crayon et un compas.

L'homme, de face, vêtu d'un habit verdâtre, prend une prise de tabac dans une tabatière ronde que lui présente sa femme. Celle-ci le corps tourné vers la gauche, regarde le spectateur, elle est vêtue d'une robe blanche avec pèlerine noire doublée de bleu.

Beau pastel, signé VESTIER, *Fecit, 1759*, dans un cadre ancien.

VESTIER

59 — Portrait de jeune Femme.

En buste, de face, robe bleue et fichu blanc, un ruban passé dans la chevelure, elle tient un carlin dans ses bras.

Pastel de forme ovale.

WOOLET (Signé et daté)

60 — Portrait de Miss Robinson, maîtresse du Régent.

En buste, de face, chevelure blonde bouclée, coiffée d'un chapeau de paille orné d'un ruban rose, robe blanche avec fichu négligemment noué laissant voir la naissance de la gorge.

Ravissant portrait au pastel, encadré d'une baguette Louis XV à rubans en bois sculpté.

ÉCOLE ANGLAISE

61 — Jeune Femme en buste.

La tête tournée vers la gauche, coiffée d'une capote
blanche retenue par un ruban attaché sous le men-
ton, corsage blanc décolleté.

Dessin en couleurs.

ÉCOLE ANGLAISE

62 — Jeune Femme en buste.

Tournée vers la droite, la chevelure voilée par
une écharpe blanche, les épaules et la gorge décou-
vertes.

Dessin en couleurs.

ÉCOLE FRANÇAISE

63 — Portrait en buste de Lepelletier de Saint-Fargeau.

Pastel forme ovale.

ÉCOLE FRANÇAISE

64 — Portrait de Voltaire, jeune.

Pastel.

ÉCOLE FRANÇAISE

65 — Portrait de Champville, comédien du
    Roi.

Pastel.

ÉCOLE FRANÇAISE

66 — Portrait de Diderot.

Pastel.

ÉCOLE FRANÇAISE

(xviiie siècle)

67 — Jeune Femme dressant un petit chien.

Pastel ovale.

ÉCOLE FRANÇAISE

68 — Jeune Normande en buste.

Pastel ovale.

ÉCOLE FRANÇAISE
(XVIIe SIÈCLE)

69 — La Cour de Louis XIV à Fontainebleau.

> La vue est prise du parterre du Château et s'étend
> sur le grand canal où se passe une fête nautique.
>
> Gouache sur vélin rehaussée de dorure.

ÉCOLE FRANÇAISE

70 — Portrait de jeune Homme, Louis XVI, en habit rouge.

> Aquarelle avec accessoires exécutés en paille.

ÉCOLE FRANÇAISE

71 — Portrait de jeune Femme du temps de Louis XVI.

> Aquarelle avec accessoires exécutés en paille.
> Pendant du précédent.

ÉCOLE DE BOURGOGNE
(XVe SIÈCLE)

72 — Cavalier monté sur un cheval blanc, tourné vers la droite.

> Curieux dessin en couleurs.

TABLEAUX ANCIENS

—

BOILLY (Attribué à)

73 — Portrait d'un jeune Garçon (Louis XVII?).

Forme ovale.

BOUCHER (?)

74 — Allégorie de la Musique.

Figurée par quatre Amours musiciens sur un nuage.

Peinture de forme ovale, très franche d'exécution.

Cadre ancien en bois sculpté.

COURTOIS (PIERRE, dit le BOURGUIGNON)

75 — Combats de Cavaliers.

Deux petites peintures de forme ovale, dans des cadres sculptés.

DEFRANCE DE LIÈGE

76 — Le mauvais Ménage.

Dans une chambre rustique un savetier et sa
femme sont aux prises. Le mari corrige sa ména-
gère à l'aide de son tire-pied pendant qu'elle se
défend et cherche à lui prendre les cheveux.

DE MARNE

77 — Assiette en porcelaine de Sèvres décorée en grisaille, représentant un Atelier d'Amidonnier.

DE TROY

78 — Portrait d'un jeune Gentilhomme.

Debout, à mi-jambes, en habit bleu brodé d'or
coiffé d'un tricorne noir orné de plumes blanches;
il regarde de face, la main gauche appuyée sur un
fusil et de l'autre main tient une laisse de chien.

DROLLING

79 — Le Glouton.

Petite peinture sur bois de forme ronde.

DUPLESSIS

80 — Portrait de Louis XVI.

En buste, à gauche, vêtu d'un habit brodé d'argent avec plaque du Saint-Esprit et croix de Saint Louis.

Petite peinture de forme ovale.

DUPLESSIS

81 — Portrait de Mᵐᵉ la Duchesse d'Angoulème.

En buste, de face, chevelure blonde frisée surmontée d'un diadème, corsage blanc décolleté avec draperie bleue sur l'épaule gauche.

Petite peinture de forme ovale.

DUVAL le CAMUS

82 — La Petite Fermière.

Une jeune Paysanne assise sur une brouette donne la provende à une poule et à ses quatre poussins.

Ce tableau peut faire pendant avec le suivant.

DUVAL le Camus

83 — Le Petit Mendiant.

Un jeune Garçon est accroupi par terre contre un mur et tend la main aux passants ; près de lui son chien fait le beau.

Petite peinture d'une exécution soignée. Signée au bas, à droite.

FRANCK

84 — Guerriers romains dans un Camp.

Petite peinture en grisaille, de forme octogonale.

GREUZE (D'après)

85 — Deux Figures du Tableau : L'Accordée de Village.

LANCRET (Genre de)

86 — La Déclaration.

Cadre en bois doré.

LERICHE (Signé)

87 — Bouquet de Fleurs dans un vase posé
sur une table de pierre.

MALLET

88 — Hussards au Cabaret.

L'un courtise la servante, l'autre, debout, vide une
bouteille ; un Enfant s'amuse à califourchon sur un
sabre.

MIGNARD (École de)

89 — Portrait en buste d'un personnage du
temps de Louis XIV.

Forme ovale.

MIGNARD (École de)

90 — Portrait en buste d'un personnage de
l'époque Louis XIV, revêtu d'une
cuirasse.

Forme ovale.

MONNOYER (Baptiste)

91 — Fleurs dans des vases et des corbeilles.

Deux pendants.

NATOIRE

92 — Panneau de Voiture : Le Triomphe de l'Amour.

Composition de cinq figures sur des nuages.

Cadre ancien en bois sculpté.

ROOS (Jean)

93 — Offrande à Flore.

Des Amours ont enguirlandé de fleurs le buste de la déesse et jouent de divers instruments de musique.

Devant le buste des parfums brûlant dans un vase sculpté.

Au centre, un Amour couronné de fleurs et de pampres, tient un flambeau et préside à l'offrande. A terre, des fleurs et des fruits.

A droite quatre autres Amours dansent une ronde.

Joli tableau d'une exécution précieuse portant la signature de l'artiste et la date 1624.

SANTERRE

94 — Jeune Femme en domino rouge et vert.

Cadre ancien en bois sculpté.

SPAENDONCK (Gérard Van)

95 — Deux Amours tenant un candélabre.

Jolie grisaille.

TAUNAY

96 — Vue du palais de Versailles prise de la pièce des Suisses en face de l'Orangerie.

Étude blonde et transparente animée de figures.

VALLIN

97 — Bacchante.

Elle est étendue sur une peau de tigre par terre et tient une coupe et une grappe de raisin.

VESTIER

98 — Portrait de jeune Femme.

> Vêtue d'une robe blanche avec fichu jaune, le visage encadré par une chevelure blonde; elle est représentée assise, le bras gauche accoudé sur une table supportant un vase de fleurs.
>
> Cadre sculpté.

ZAIS

99 — Kermesse de Village.

100 — Les Charlatans.

> Deux pendants.

WATTEAU (D'après)

101 — Jeune Femme debout dans un parc, présentant une fleur.

ÉCOLE FRANÇAISE

102 — Marie-Antoinette prisonnière au Temple.

> Représentée en buste.

ÉCOLE FRANÇAISE

103 — Le Char de Vénus.

ÉCOLE FRANÇAISE

104 — Le Repas dans le parc.

Cadre sculpté.

ÉCOLE FRANÇAISE

(Genre de Sauvage

105 — Le Serment de fidélité.

Peinture en grisaille, de forme ronde.

ÉCOLE FRANÇAISE

106 — Médaillon portrait de Femme soutenu
par un Génie et deux Amours sur un
nuage.

ÉCOLE FRANÇAISE

107 — Vue du Château de Saint-Germain,
côté du parc.

ÉCOLE FRANÇAISE

108 — Sujet tiré de l'Histoire romaine.
Sujet biblique.

Deux exquisses peintes formant pendants.

GRAVURES

—

BOILLY

J.-M. Gesin (D'après

109 — Les petits Soldats et les petites Co-
quettes.

Deux gravures en couleur, encadrées.

BOILLY

F. Cazenave (D'après)

110 — L'Optique.

L'Amour couronné.

Deux gravures en couleur, dans des bordures
Louis XVI en bois doré.

LEBRUN (D'après)

111 — Grande Gravure : Le Passage du Gra-
nitique.

ROBERT-HUBERT

Guyot (D'après)

112 — Cavaliers dans les ruines d'un Temple,
Gravure en couleur.

RIGAUD (H.)

Chéreau (D'après)

113 — Louis-Antoine de Pardaillon de Gon-
drin, duc d'Antin.

JOHN JONES

114 — Portrait de William Pitt.

RUBENS (D'après)

115 — Suite de vingt-deux Gravures, par
Audran, Massé, Loir, Simonneau,
B. Picard, Duchange, Trouvain, de
Chastillon, C. Vermeulen, Histoire de
la Reine Marie de Médicis.

SCHAL

A. LEGRAND (D'après)

116 — Le Ruisseau et les Cerises.

Deux gravures en couleur.

117 — Carton de gravures anciennes au nombre desquelles :

La Lecture espagnole, par BEAUVARLET, d'après VAN LOO. — Le Chiffre d'amour, par DELAUNAY, d'après FRAGONARD. — Portrait de Mme de Largellière, par WILLE. — La Savonneuse, d'après GREUZE. — La Vertu irrésolue, par DENNEL, d'après Mme LEBRUN. — Teresias aveuglé des appas de Minerve, par DENNEL, d'après LAGRENÉE. — La Famille du fermier, par BEAUVARLET, d'après FRAGONARD. — Les Misères de la guerre, par TARDIEU, d'après TÉNIERS. — Pièces sur l'ornement. — Eaux-fortes, d'après OSTADE. Gravures modernes, etc.

Supplément au Catalogue

De la Vente du Mardi 10 Février 1891

Hotel Drouot — Salle n° 4

————◆————

BOUCHER

118 — Jeune Fille en buste tournée à gauche.

Dessin au crayon noir et rouge.

CHARDIN

119 — Jeune Villageois en buste.

Dessin provenant de la collection Guichardot.

EISEN

120 — Deux Amours voltigeant sur un nuage.

Petite peinture sur fond de glace.

LE PRINCE (J.-B.)

121 — L'Éducation maternelle.

Composition de cinq figures en costume oriental.
Gouache dans un cadre Louis XVI en bois sculpté.

LE PRINCE (Xavier)

122 — Le Théâtre Guignol.

Charmant dessin à la sépia rehaussé de gouache.
Signé et daté 1820.

NICOLLE

123 — Vue du Pont et du Fort Saint-Ange, à Rome.

124 — Vue d'une Porte de Rome.

Deux aquarelles avec figures. Signées.

PILLEMENT

125 — Le Matin et le Soir.

Deux pendants.

PILLEMENT

126 — Paysages animés de figures.

Gouaches.

REDOUTÉ

127 — Bouquet de Roses.

Aquarelle signée.

SAINT-AUBIN (Augustin de)

128 — Portrait de Femme.

De trois quarts à gauche, la chevelure flottante,
un fichu sur les épaules.

Dessin aux crayons noir et rouge. Signé.

SCHENAU

1 — Jeune Villageoise.

Dessin aux crayons noir et rouge.

VERNET (Carle)

130 — Ménagerie.

Composition satirique à l'aquarelle.

ÉCOLE FRANÇAISE

(D'APRÈS BOUCHER)

131 — Le Colin-Maillard.

Petit dessus de porte peint sur toile.

ÉCOLE FRANÇAISE

132 — La Jarretière.

Peinture genre Lancret.

X...

133 — Dessins d'Ameublement.

Sièges du temps de l'Empire. Aquarelle.

A. Maulde et Cie, imprimeurs de la Compagnie des Commissaires-Priseurs,
rue de Rivoli, 144.   400—12129

www.ingramcontent.com/pod-product-compliance
Ingram Content Group UK Ltd.
Pitfield, Milton Keynes, MK11 3LW, UK
UKHW031739170726
13836UKWH00002B/749